人間関係を豊かにする

心《しん》戒《かい》十《じゅっ》訓《くん》

～渡辺博史先生のことば～

松田　哲

流通経済大学出版会

目　次

はじめに

私たちは人間関係によって励まされ・支えられています。しかしその一方でそれは悩みの種の一として私たちを苦しめることもあります。今日ほど、人間関係を維持・発展していくのに困難な時代はないのではないのでしょうか。それはコミュニケーションのスタイルが、対面によるコミュニケーションだけでなく、パソコンや携帯電話（以下ケータイ）・スマートフォン（以下スマホ）といった情報機器・情報端末を通してのものなど、人間関係の構築の仕方が多様化したところに原因の一つがあるように感じます。

人間関係の在り方や関係の持ち方は、時代や社会の変化によって変わっていく側面はあるでしょう。しかし、どんなにコミュニケーションのスタイルや方法・手段が変わっても、人間関係の基本は相手との信頼関係を築いていくことに変わりはありません。そして、信頼関係を築いていくために何が必要なのかを考えていかなければなりません。

この「心戒十訓《しんかいじゅっくん》」は茨城県龍ケ崎市と千葉県松戸市にキャンパスを持つ流通経済大学の名誉教授渡辺博史先生（故人）が残した十個の自戒のコトバです。渡辺先生は同大学開学当初より教壇に立ち、「社会学」や「社会調査法」「地域社会学」等の講座を担当されました。一九八八年から開設された同大学社会学部の学部長を歴任されるなど、学生への教育指導はもちろん、学部教育へも多大な貢献をされました。また、社会教育にもご尽力され、地域住民の学習活動の向上に貢献されていました。この心戒十訓は自戒のコトバですから、相手に伝えるものではなく、自分の心に言い聞かせ、自らの行動を律していこうとするものです。人間関係を良くしていくには相手を変えるのではなく、自分の行動を変えていくことが大切であり、そのためによりどころとなるコトバや考えが必要になってくるのです。

私は、渡辺先生が生前の頃、ご自宅で研究指導を受けているとき、「先生の心戒十訓を本にしてはいいかがでしょうか。」と出版を持ちかけたことがありました。先生は大病を患い、退院してからちょうど「コミュニティ形成と学習活動」（学文社、二〇〇〇年）の本を執筆中でしたので、「今は別な本を執筆中で手一杯だから、それが完成したら考えてみよう。」とおっしゃっていました。しかし、先生はその本が出版されて翌年に永眠され、「心戒十訓《しんかいじゅっくん》」を本にするという構想は断念されました。

先生が逝去されて三回忌に、筆者がまとめ役となり卒業生で追悼集の作成委員会を編成し『愛するところ』―渡辺博史先生追悼集―（二〇〇三年）を出版しました。大学の教え子や関係者など、六十五名の方々からご寄稿を頂き、本のタイトルは「人でも仕事でも愛するところに集まってくる」という先生のコトバから頂きました。

その追悼集にご寄稿頂いた多くの方が「心戒十訓《しんかいじゅっくん》」に触れており、特に直接教えを頂いた方からは、その影響力の大きさがうかがい知れるほどでした。

門弟の一人である私が先生の代表的な「心戒十訓《しんかいじゅっくん》」を執筆することがはたして許されることなのか、またその解釈は先生ご本人の解釈と同等のものになりうるのか、正直なところ判断のつかないことばかりですが、このまま社会に役立つ教えが消えてしまうことは残念でなりません。

私は先生から学んだ「人生哲学と心意気」を多くの人に伝えたいと思っています。人間関係で悩んでいる方や自分の出方に自信が持てない方、また人生の指針を失ってしまった方など、読んで頂いた方にとって少しでもお役にたてることを願っております。

心戒十訓①

人《ひと》を大切《たいせつ》にする人《ひと》は、人《ひと》からも大切《たいせつ》にされる

「自分を大切にしてもらえるかどうか」については、興味関心がある人は多いと思います。しかし自分がどのように扱われるか、または大切にしてもらえるかということは、自分だけで決めることはできません。それは相手が決めることだからです。

渡辺先生は社会学者でしたので、社会とは「他者の存在を前提にして初めて自己の存在がある」ことを自明の理としていたのでしょう。だから「自分を大切にする人は、人も大切にする」のではないのです。まずは「他者ありき」なのです。これは「相手ありき」と置き換えることもできます。私たちはその関係性の中で、「相手を大切にした」ということにより「自分が相手から大切にされる」という結果が生じているということなのです。

ここでは「人」という文字が三回出てきますが、関係性の視点からいえば「相手」が二回と「自分」が一回です。言い換えると「相手を大切にする自分は、相手からも大切にされる」ということになります。もちろん相手から大切にされる保証があるわけではありませんし、また、それらを約束したコトバでもありません。自分にしか興味が持てない心理状態を精神分析学者の小此木啓吾先生は「自己愛人間」と呼びました。

私たちが、「自己愛」ばかりを強め、「相手から大切にされていないような気がする」と自分自身を嘆く前に、「自分は誰か（相手）を大切にしているだろうか」と振り返ってみればいいのではないでしょうか。

このコトバは「大切」に代えて「幸せ」や「不幸」を入れても意味が通じます。「人を幸せにする人は、人からも幸せにされる」また「人を不幸にする人は、人からも不幸にされる」また観念的なものではなく行動や動作でも意味が通じます。「相手を無視する人は、相手からも無視される」「相手を認める人は、相手からも認められる」つまり、相手にしたことや相手に抱いている感情が、鏡の如く自分自身にはね返ってくることを意味しています。

社会は他者との関係から成り立っていて、その他者への行為や思いが、結果として自分自身にはね返っていることを前提に考えることが出来れば、自分が大切にされたいのであれば、まず自分から相手を大切にしていくことが先であるということになります。

渡辺先生が「心戒十訓」の中で、このコトバを最初に掲げたのは、「人間は社会的な動物であり、社会的な存在である」ことを第一義として示したかったからかもしれません。「社会的な存在」とは、自分の存在は、自分だけが認識するものではなく、他者から認められて初めて存在するものであるということです。だから「相手を大切にする自分」が初めに来ているのです。自分が相手を大切にしているから、相手も自分を大切にしてくれるのです。どっちが先かといえば、「自分の出方」が先なのです。その出方の結果が、そのまま自分への対応となるのです。

心戒十訓②

人間関係《にんげんかんけい》は、相手《あいて》の長所《ちょうしょ》と付《つ》き合《あ》うものだ

人間関係の難しいところは、相手を変えられないというところにあります。相手を変えようとすれば、そこに摩擦が生じます。摩擦が悪いわけではありませんが、不必要なものであれば避けたいものです。しかし私たちは、相手に「変わって欲しい」と願います。特に人間関係でトラブルが生じたり、自分が思ったように上手くいかなかったりしたときに強く思います。しかし、多くの場合、相手は変わってくれません。そして変わらない相手を批難し、その相手に失望するのです。もし相手が変わってくれれば、摩擦も起きないし、自分も納得します。しかしここで問題なのは、自分が納得するかではなく、相手が納得するかということにあります。相手との関係にもよりますが、上下関係や支配と服従の関係である場合は、権力が大きい方がその一方を従わせることはあるでしょう。だが、そのとき服従している側が納得しているとは限りません。その時に不平不満を心に抱きながら、嫌々態度を変えているかもしれません。

それは結果的には、違うところで不平不満を噴出させたり、抵抗を強めるなど人間関係を悪化させることにつながります。

人には誰しも良いところと悪いところがあります。長所と短所です。短所を言い始めたらきりがありません。「口うるさい」や「人の話を聞かない」など言動だけでなく、「すぐに感情的になる」「優柔不断だ」など性格に至るまで、目につくことや気になることが出てきます。家族や夫婦、恋人など近い関係であればなおさらです。そしてそれは同時に自分にも当てはまることになります。相手から言わせれば、自分にもきりがないほど短所はあるのです。しかしそれをお互いに言い合ったところで、幸せになることはありません。相手の短所を指摘すれば、相手もこちらの短所を指摘してきます。そしてどちらかが感情的になったり、黙ったりするなど結局はいい人間関係を築いていくことが難しくなっていくのです。

冒頭にも触れたように、相手は変わらないのです。正確にいえば変えることは大変なことです。それならば、相手のいいところ（長所）を見ながら付き合っていた方が、ストレスも少なくいい関係を維持することができます。相手の長所を意識して、いいところをなるべく見ようとすることは、同時に、自分自身の長所にも気づいていく作業になります。自分に自信が持てなかったり、劣等感が強かったりすると、自分の短所や悪いところばかりが目につきやすくなります。そうなると相手に対しても、短所や悪いところばかり見ようとしてしまうのです。それでは結局、いい関係を維持することはできません。

渡辺先生のコトバの中に「くっつけばクソ（糞）の香、離れれば花の香」（六一ページ参照）というものがあります。人と人との距離の持ち方を示したものです。近しい関係性の中では、いいところと同時に嫌なところも目につきやすくなります。それは、関係性が近すぎるところに問題があるのです。「不即不離」つまり「つかず離れず」の距離感を意識しながら上手に相手との距離をコントロールするのです。相手との関係が不安定になったときは、相手を変えようとするのではなく、相手の「長所」に目を向けて付き合っていくことや、お互いの距離感をコントロールしながら、上手に関係性を維持することも考えてみるといいのではないでしょうか。

どうしても受け入れられない人や嫌な人がいる時は、「変わった人」や「ダメな人」とレッテルを貼るのではなく、「個性的な人」と考えてみると、相手への見方も少し変わってくるかもしれません。

心戒十訓③

人《ひと》に何《なに》をしてもらえるかよりも、自分《じぶん》には何《なに》ができるかが大切《たいせつ》である

アメリカ第三十五代大統領J・F・ケネディが一九六〇年に大統領就任演説を行った際、そのスピーチに次のような一説があります。「アメリカ国民諸君、国家が諸君のために何をなしうるかを問うのではなく、諸君が国家に何をなしうるかを考えよ。世界中の同胞諸君、アメリカが諸君のために何をなしうるかを問うのではなく、われわれがともに、人類の自由のために何をなしうるかを考えよ。」

渡辺先生も、この「人に何をしてもらえるかよりも、自分には何ができるかが大切である」というコトバを説明する前に、「このコトバだけは、私が初めに言い出したのではなく、ケネディが言っていることなのです。」と前置きをしていました。ケネディのスピーチのエキスを先生が、一言で抽出したような感じがします。

私たちは、ついつい他者に依存してしまうことがあります。もともと日本人自体が、強いコミュニティの中で、相互依存・相互扶助を前提にした人間関係を培ってきたことは事実です。「困ったときはお互い様」というコトバに代表されるように、災害などで困難な状況の時は、利他的で温かく救済の手を差し伸べる国民性であり、それは世界に誇れる態度の一つです。

しかし、その一方で、困難な状況でもないのに、他者に依存してしまう人も少なくありません。明治の文明開化期に福沢諭吉が「自尊独立」の精神を説いたのは、日本人の精神風土が依存性の強い風土に支配されていたという前提があったからでしょう。

時として私たちは「自分に何をしてもらえるのか」という受け身の姿勢を持ち、他者への依存を強めてしまいます。家族や恋人、友人など特に親しい関係性はその依存度を高めていきます。しかし「何もしてもらえない」という不平不満や失望に陥ってしまうことも多いのではないでしょうか。そう考える前に「自分には何が出来るか」また、自分は身近な人たちのために「何かしているだろうか」と立ち止まって考えてみることも大切です。自分は何もしていないのに、相手からだけ何かをしてもらいたいと思うのはワガママであり甘えです。それは乳幼児が母親に全面的に依存する幼稚性を示しているのです。成熟した成人の人間関係は独立した個人と個人の関係ですから、どちらかが一方的に依存していくことはありません。「自分にできること」とは、他者より優れたところを見つけることではありません。歩くことや話すこと、話を聴くことも自分にできることの一つです。それを誰かのために使ったり役立てればいいのです。つまり、このコトバは受動的な生き方や考え方ではなく、能動的かつ積極的に自分の人生を生きることを意味しているのです。自分にできることを探し、それを他者や社会に積極的に役立てることを示しているのです。

対人間《たいじんかん》のベクトル（矢印）で表現すると、「人に何をしてもらえるか」とは、相手から自分に向けたベクトルであり、「自分には何ができるか」は、自分から相手に向けたベクトルということになります。このコトバは、相手からのベクトルにばかり期待するのではなく、自分からのベクトルを出していきなさいと言っているのです。どんな細く短いベクトルであっても、自分から出していくことが大切なのです。

心戒十訓④

仕事《しごと》はいわれて
するものではなく、
捜《さが》してするものである

仕事は私たちにとって大切なものです。それは生活の糧を得るための手段でもあり、生きがいや人生の達成すべき目標にもなりうるものです。仕事が上手くいかなくなったりすれば、大きなストレスにもなり、時には自分の人生を悲観するようになってしまうこともあるでしょう。

我が国はバブル期の売り手市場から一転、長い不況に突入し、今日の就職戦線は求人倍率が低下する買い手市場となっています。経済が低迷し、新卒の学生も一人数十社から百社以上の面接を受けなければ内定をもらえないという状況になっています。

そのような厳しい状況を生き抜いていくためには、いつも受け身の姿勢で相手からの指示を待つだけではいけません。言われたことだけをやることは、それほど難しいことではないでしょう。これは「仕事」だけに限ったことではありません。私たちの生き方や考え方にも関わってくることです。例えば「仕事」の代わりに、「(部活動の)練習」を入れると、「練習はいわれてするものではなく、捜してするものである」となります。こうなると、監督やコーチから指示を待ち、決められた練習メニューを繰り返すだけのものから、自分の欠点や不足していること、またはチームの課題を考えながら、今何が必要な練習なのかを捜して取り組むことが出来るようになります。もちろん仕事も初めのころは、上司や先輩の指示に従い言われた通りのことをこなしていくことが多いでしょう。しかし「仕事は言われてするもの」と思っている人と「仕事は捜してするもの」と思っている人とでは、当然意識も行動も違ってきます。前者は指示があるまで動かず、次に何が必要かも考えることがありません。しかし後者は、次に必要なことを常に考えて行動しようとします。例えば接客の仕事をしている場合、お客さんが少ない時に、前者は同僚とムダ話を繰り返しているかもしれません。しかし後者の考えの人は店内の片づけや整理などを始めるでしょう。それによって時給や給料が上がるわけではありません。しかし、仕事に対して積極的にコミットしようとする姿勢が見られます。他者からの評価や信頼は、この姿勢やスタンスの違いによって大きく変わっていくのです。特に少子化という環境の中で、子どもが何もしなくても周囲の大人がすべてを準備してしまう状況では、能動的に何かに取り組む態度は形成しづらくなっています。そして、情報技術の革新によるケータイやスマホの普及は、さらにそれを後押ししています。

しかし一方で、現在の買い手市場という環境の中で、「仕事は捜してするもの」と捉えながら、一生懸命仕事を覚え、能動的に会社にコミットしようとする若者も少なくありません。時にそれがバーンアウト（燃え尽き症候群）を引き起こすなど、自分を必要以上に追い込んでしまうこともあるかもしれません。従ってここでは、自分が指示待ちの受け身のタイプなのか、または、積極的で能動的なタイプなのかを確認し、前者はこのコトバのように「仕事は捜してするもの」という捉え方で取り組んでいき、後者は「仕事はまず言われたことを確実にこなすこと」くらいに捉えるなどのバランスも必要になってくるのです。

心戒十訓⑤

仕事《しごと》では頭《あたま》を使《つか》え、
人間関係《にんげんかんけい》では心《こころ》を使《つか》え

人間の思考・行動・判断などは、「理性的なもの」と「感情的なもの」に大きく分けることができます。脳科学の分析によると、それは「左脳」と「右脳」のはたらきの違いに起因しています。「左脳」は言葉や文字を用いて、思考や論理をつかさどり、右脳は五感を用いて、感性・感覚をつかさどっているとされています。

ビジネス社会では、収益や販売数、拡大店舗数など、何らかの目標を達成していくことが前提になります。そのために論理的な思考や緻密な計算、冷静な状況判断といったものが要求されます。コミュニケーションにおいても、その目標を達成するために、分析・整理されたものを、的確に表現し報告や伝達をしていかなければなりません。例えば、売り上げが目標数値に届かない場合、私たちはその原因を探り、課題を抽出し、その課題をクリアするための方策を検討します。そして、そのために必要な情報を集め、話し合いをして判断・実行していくのです。この一連の流れは「理性的」に行われていくものであり、これは「左脳」の働きによることが多くなってきます。

仕事では常に利害を意識し、利益は増やし損害は減らすことを考えなければなりません。しかし人間関係の場合いはどうでしょうか。家族や友人、恋人など身近な関係では常に利害だけを計算しながら付き合っているわけではありません。もちろんビジネスの場面であれば、同じ関係でも利害を考えながら付き合うこともあるでしょう。しかし会社であってもいつも仕事のことばかり話しているわけではなく、時にはプライベートな話題になることもあれば、上司や部下・同僚などの噂話になるかもしれません。会社に限らず、家族関係や友人関係などでは、五感を用いて相手の話に耳を傾け、相手の立場になって親身に接しようとします。これは「右脳」の働きによるところが多くなってくるのです。

　これを踏まえながら、「仕事では頭を使え、人間関係では心を使え」という言葉を考えてみると、「頭を使え」ということを「理性を使え」と置き換え、「心を使え」ということを「感情を使え」と置き換えることもできます。「感情を使え」というのは決して感情的になれという意味ではありません。常に冷静な計算をするような付き合い方や損得勘定だけで人と付き合っていくのではなく、相手の立場に立って、相手のために時間や労力を惜しまず、誠意を持って付き合っていく態度が大切であると解釈できます。仕事では冷静な判断や論理的な分析、理性的な態度が必要になってきますが、人間関係となると、それが仕事上のものであっても、誠意を持って付き合っていかなければ、ただの利害関係で終わってしまいます。その関係はどちらかに利益（メリット）が無くなったときに解消されてしまいます。自分を支えてくれる人間関係とは、自分に利益が無くなっても付き合っていける関係ではないでしょうか。反対に現在あなたが付き合っている関係の中で、相手に利益（メリット）が無くなったとしても、付き合っていける関係はどれくらいあるかということになります。もしも一人もいないということであれば、「頭を使った人間関係」に終始しているのかもしれません。こういう関係をつくっていくには「心」を使って付き合う必要があるということです。

心戒十訓⑥

挨拶《あいさつ》は
されるものではなく、
するものだ

「おはようございます」や「こんにちは」など、さわやかなあいさつで一日のスタートが切れると気分がいいものです。皆さんの中には会社や学校などで、最初のあいさつをしそびれてしまい、話しかけるタイミングを失ってしまった経験をした人もいると思います。あいさつはコミュニケーションを始めるきっかけでもあり、そこには、あなたと仲良くなりたい、親しくなりたいというメッセージも込められています。日本でのお辞儀という習慣は、「相手に首を差し出すこと」を意味するといいます。それは相手に首の後ろを見せることであり、「あなたと戦う気はありません」というメッセージを行為にしたものなのです。欧米ではあいさつの習慣として握手をします。握手は手のひらを相手に見せる行為であり、「武器を持っていません」ということを示しています。つまり握手もまた「あなたに敵意はありません」というメッセージを行為にしたものなのです。このことから、あいさつをするということには、あなたと仲良くなりたい、あなたと親しく関わりたいという意味が込められているのです。

「あいさつは人間関係のパスポート」と言われるように、あいさつは人間関係をつくる最初のきっかけです。相手があいさつをすれば、こちらもあいさつを返すという人は多いでしょう。しかしそれは、「相手があいさつをすれば」という条件付きのものです。そうなると相手があいさつをしなければ、こちらもあいさつをしないということになります。それでは、いつまでたってもあいさつができなくなってしまいます。では、どちらが先にあいさつをすればいいのでしょうか。それは相手と積極的に人間関係をつくりたいと願う方からあいさつをすればいいのです。相手があいさつをしてくれたから、こちらもあいさつを返すというのでは、いつも人間関係が受け身になってしまい、相手と積極的に関わりたい、または相手と仲良くなりたいという能動的な人間関係の構築につながりません。そう考えるとあいさつは自分がしたかどうかが大事になってきます。それに対して、相手があいさつを返すかどうかは相手の問題なのです。もし仮に相手があいさつを返さなかったとします。それはワザとかもしれませんし、ただ聞こえなかったからかもしれません。どちらにしてもそれは相手の問題なのです。相手の問題まで自分が背負う必要はありません。

これに意味が似たコトバで、「あいさつは先手を打て」という言葉もありますが、対人関係を積極的に築いていくことや、自分の社交を広げていくことはそれ自体が自分の幸福と関わってきます。

また、あいさつは人間関係の五十パーセントを維持するはたらきがあるといいます。つまり、どんな嫌な相手であっても、あいさつをしておくことで、大きく人間関係を壊すことはないということです。反対に、あいさつをしなくなると人間関係を壊しやすくなります。家庭の中でも一日の始まりはあいさつからという方も多いでしょう。そのときに「お母さんおはよう」や『カズおはよう」など、名前を入れてあいさつをしていくと、相手も返事を返しやすくなるとともに、自分が認められているという意識が形成されます。あいさつという日常の行為を簡単に捉えがちですが、それを積極的にしていくかどうかは積極的に生きていこうとするのか、相手と能動的に関わろうとするのかといった自分の考え方や取り組み方と直結しているのです。

心戒十訓⑦

分《わ》かるだけが勉強《べんきょう》ではない、できることこそ勉強《べんきょう》だ

分かることと、出来ることは別々なことです。分かるは知識として理解する事であり、出来るは行動によって示すことです。例えば、電車やバスの中で高齢者や妊婦に席を譲らなければいけないことを理解していれば、「分かる」の範疇《はんちゅう》ですが、実際に席を譲るかどうかは「出来る」という行動の範囲なのです。従って「席を譲った方がいいことは分かっているが、実際はそれが出来ない」ということもあるはずです。このような事例は日常生活の中では頻繁にあることでしょう。タバコは体に悪いと分かっていても、止められないといった具合です。昔のテレビコマーシャルでも「分かっちゃいるけど止められない」というのがありました。

幕末に討幕運動に奔走した人物の中には、陽明学に傾倒した人も多くいました。長州の吉田松陰や高杉晋作などがその代表です。江戸時代に朱子学が幕府の学問として確立していくと、畳の水練といわれるように、論理や理屈が重視されていきました。畳の水練とは、水泳を覚える時に「浮力とは」とか「推進力」とはという理論から始まり、畳の上で泳げても、実際に水に入った時には役に立たないということです。それに対して、陽明学は、泳ぎを覚えるならまず水に入ることから始めなければならないという考えでした。「知行合一」つまり知識と行為は一体であるということです。言い換えると、本当の知は実践を伴わなければならないということになります。「分かるだけが勉強ではない、出来ることこそ勉強だ」という言葉は、この学問スタイルからいうと陽明学に近いものになるかもしれません。渡辺先生はこの言葉の後に「出来た分だけが分かったという証《あかし》である」と続けていました。

昨今の知識偏重社会では、学校教育の試験を始め、大学入試や入社試験、各種資格試験においても、どれだけ覚えたか、どれだけ暗記したかに重点が置かれています。知識を蓄えるための努力や能力は評価に値しますが、それがすべてではありません。むしろ社会に出て有能な人材となっていくには、また人間関係においても他者から信頼を得る人間になるには、「出来ること」を増やしてくことが大切です。そのためには「頭で理解する」ことと同時に「体で出来る」ことが必要になってくるのです。学問を「頭からの学問」と「足からの学問」に分けると、頭からの学問は、「知識の増加」となり、足からの学問は「経験の増加」と位置づけることが出来ます。今の私たちにはこの足からの学問が減っていると先生は指摘していました。知識や情報が増えるほど、頭でっかちになってしまい、行動することを躊躇《ちゅうちょ》してしまうというのです。「出来るための勉強」は知識を詰め込むより難しい勉強かもしれません。しかしそれが出来たら自分に自信を持つこともできるのではないでしょうか。

現代社会はどこからでもインターネットに接続できるユビキタス社会になっています。スマホやケータイなど持ち運びができる端末からでもインターネットに接続すれば、必要な情報を取ることができます。情報が多いことは選択肢を広げることになりますが、同時に情報量の多さは決断を鈍らせるのです。情報や知識だけに頼るのではなく、自らの経験を増やし経験則から情報や知識を活用していくことも大切なのです。そのような使える知識を「知恵」と呼びます。従ってこのコトバは学んだことを知識だけで終わらせず、それを知恵に変えなさいとも言っているのです。

心戒十訓⑧

どこを出《で》たかではなく、何《なに》ができるかだ

人の価値は何で決まるのでしょうか。また有能な人間とはどのような人間を指すのでしょうか。私たちは、ともすると相手の肩書や経歴によってその価値を判断しがちです。その構図から考えると、自分自身の価値も同じように、肩書や経歴が重要になってくるということです。すると「学歴は何か」や「出身学校はどこか」などを重視するようになります。例えば学歴でいうと、大学卒業かまたは高校や専門学校の卒業か、そして、出身学校でいえば、進学校や難関校の出身か、さらに仕事でいえば一部上場企業か外資系企業かという具合です。難関校に入ったということは、勉強について努力したという点では一定の評価に値するでしょう。しかし、そこの卒業生がすべて社会的に有能であるという保証はありません。社会に役に立つか、誰かのために役立っているかという視点でいうと、肩書や経歴はあまりあてになりません。それに努力という点ではスポーツや芸術・文化面も同様に一定の評価に値しますが、出身校や企業名による評価ばかりが先行してしまい、個人が持つ可能性や人柄は二次的なものになりがちです。

近代学校制度の導入は、どれだけ高度の教育を受けたかという学歴を重んじる社会の流れを作り出していきました。戦後の高度経済成長期に、中学校までの義務教育を終えた生徒たちが「金の卵」と称され、重要な労働力として大都市圏を中心に社会で活躍をしていきました。そして、この人たちが戦後世界に例を見ない日本の高度成長を支えたのです。学歴偏重や知識重視の社会であっても、原点は「今の自分にできることは何か」を問うことでした。

現代社会では、四年制大学や短期大学などの高等教育機関に進学する者が十八歳人口の半数を占めるようになり、学歴社会から学校歴社会へとその価値がシフトしています。そうなると、これまで以上に偏差値を重視し、有名大学であるかどうかが大事であるかのような考えになりがちです。そうなると大学をはじめとする高等教育機関に入ることが目的化され、「自分は何がしたいのか」「何のために勉強をするのか」という根源的な目的が不明確なまま進学するケースが多くなっていきます。当然そこが不明確のまま専門領域の勉強をしていても、違和感を感じたり、勉強に身が入らないということにもなりかねません。実際に大学等の退学率は上昇傾向にあります。

学生だけに限らず、大人になってからも「自分には何が出来るのか」という原点に立ち返り、今の自分に出来ることをやるというスタンスは大切です。

自分の価値は、その尺度によっても異なりますが、「自分に出来ることを明確化する」ことや、「自分に何ができるのかチャレンジする」ことでもあります。

自分や他者の経歴を意識する前に、今の自分に出来ることやこれからの自分に出来そうなことをしっかりと把握し、自己有能感を感じられる生き方ができれば、自信を持って自分の人生を生きることにもつながるのではないでしょうか。

渡辺先生は、よく「出たの、出ないだのは月《つき》だけで十分だ。」と付け加えていました。つまり学校を出たか出ないかは、その程度でしかないということです。もし「自分は何もできない」と思っている人がいたら、特に人より秀でたところを探すのではなく、「自分は元気にあいさつすることが出来る」もしくは「自分はゆっくり話を聴くことが出来る」など、いつもの行動の延長で考えてみると出来ることは思った以上に多くあることに気づくのではないでしょうか。

心戒十訓⑨

言葉《ことば》で語《かた》るな、心《こころ》で語《かた》れ

論語の中に「巧言令色鮮仁」（こうげんれいしょくすくなしじん）というものがあります。意味は、言葉巧みで、人から好かれようと愛想を振りまく者には、誠実な人間が少なく、人として最も大事な徳である仁の心が欠けているということです。孔子の説く徳目の中で「仁」は中心的なものです。「仁」とは平たく言えば相手を思いやる心ということになります。つまり、口先だけで言葉を巧みに操るものは、相手を思いやる心は少ないということになります。

コミュニケーション能力の有無というものが、現代社会では身につけるべき必要な能力の一つとして学校教育を始め、企業や社会全体から求められています。コミュニケーションが上手い人とは、美辞麗句を並べたり、言葉を巧みに使いこなすことではありません。「口が上手い」という言い方には「誠実さがない」「上辺だけで心がない」という意味が含まれています。

コミュニケーションは、コミュニケーションスキルとコミュニケーションマインドに大きく分けることが出来ます。前者は、話し方や聴き方といった具体的な技術になり、そこには視線や姿勢、表情や声の特徴といった個々のスキルがあります。そして後者は、相手を知りたいと思う気持ちや相手に興味を持つこと。そして相手と仲良くなりたいと思う気持ちです。さらには、自分をもっと知って欲しいと思う気持ちも含まれます。前者のスキルだけが上手でも、後者のマインドがなければ、スキルを持っている意味がありません。また後者のマインドがあっても、スキルがなければ、自分の気持ちや思いを相手に伝えることが出来ません。これらは車の両輪のようにどちらも大切なのです。

「言葉で語るな、心で語れ」という言葉は、コミュニケーションスキルだけを重視しようとする私たちに、コミュニケーションマインドの大切さを伝えているようにも受け取れます。スキルがなくても心から湧き上がってくる言葉はそのまま表現しても相手には十分伝わるものだと言っているようです。確かに涙を流しながら、感情を高ぶらせて胸の奥から絞り出す話し方は、効果的なコミュニケーションスキルではないかもしれません。しかし、それが相手を思っての言葉なら、十分に伝わるのではないでしょうか。親友が友だちを思って苦言を呈する場合や、親が子どものためを思って叱る場合など、相手の行動を変えようとする強いメッセージは、言葉だけで表現されるものではありません。

言葉をスキル、心をマインドと置き換えると、「スキルで語るな、マインドで語れ」となります。「どう伝えればいいのか」と言い方や話法に重点を置く前に「なんのためにそれを伝えるのか」「(自分が)嫌われないために伝えるのか」「相手のために伝えるのか」など、その根本を考えてみることも必要なのかもしれません。コミュニケーションの目的は相手との信頼関係をつくることです。そのためには「心で語る」ことが必要なのです。「胸襟《きょうきん》を開いて」や「腹を割って」というコトバがあります。日本人は本音と建前を使い分けます。

どちらのコトバも本音で話し合うことを表現しています。「心で語れ」のもう一つの意味は、建前ばかりでなく「本音」で語り合うことが、人間関係を築いていくのには大切であると言っているのです。

心戒十訓⑩

いい人生《じんせい》は
いい準備《じゅんび》から始《はじ》まる

このコトバの「いい人生は」を「いい仕事は」と置き換えてみます。また「いい結婚は」と置き換えてみましょう。「いい仕事は、いい準備から始まる」「いい結婚は、いい準備から始まる」となります。

いずれのコトバにしても、納得のいくものです。私たちは、何かに立ち向かおうとするとき、目標を定め、それに邁進《まいしん》する時どれほどの準備をしているのでしょうか。

私は若い時に、ある研修会で「女性が幸せになる方法」という興味深いお話を聴く機会を得ました。講師の先生が何をお話しになるのか興味津津でした。すると開口一番「女性が幸せになるには、朝起きたらやかんの口を東に向けて、お湯を沸かすこと」と言い切りました。私は何のことかと首をかしげていると、講師の先生は次のようにお話を続けました。「朝は一日の始まり、その一日のスタートをスムーズにきれるか、それとも嫌なスタートになるかでは、大きく違います。もしお湯を沸かしておけば、家族が起きてきて、お茶が飲みたいといった時、「どうぞお湯が沸いていますよ。」とスムーズなやり取りができます。しかし、お湯を沸かしていなかったら、「お湯沸いてないの?」「私も忙しいの。お湯くらい自分で沸かしてください。」というやりとりになるかもしれません。一日のスタートとしてはどちらがいいのでしょうか。私だったら、朝からケンカはしたくありませんから、前者のようにスムーズなスタートをきる方を選びます。それにはお湯を沸かすという準備が必要になってくるのです。ところで、やかんの口を東に向けるのはなぜなのか。そのことについても説明がありました。「東は太陽が昇る方向です。つまり、昨日(過去)を振り返らずに、常に明日(未来)を見つめていくことが大切なのです。」という比喩で用いたものでした。

つまり、朝は一日のスタート、お湯を沸かすことは、そのスタートをスムーズにきるための「準備」なのです。このお話自体が「いい人生は、いい準備から始まる」ということを少し具体的に例えた話だったのです。

私は、この話を聞いてから、家で早く起きたときは、お湯を沸かしポットに入れるようになりました。いつも朝になるとポットのお湯を使うわけではありません。しかし、その準備をしておくだけで、心にゆとりがうまれ、気がつくと家族内でケンカや言い争いの回数が減っていったように感じました。

「朝、お湯を沸かす」というのは、あくまでも「準備が大切」という、喩えであって、実際にお湯を沸かすことが「幸せに直結」するわけではないと思いますが、自分で実行してみると「幸せに直結」している実感が持てたことが不思議な体験でした。あの時の講師は喩えではなく、ほんとうに「朝、お湯を沸かす」ということをやっていけば「幸せになれますよ」と言いたかったのかもしれません。同じように仕事に対する準備や結婚に対する準備など、事前に備えておくことはいくらでもあります。

アメリカの第十六代大統領のエイブラハム・リンカーンのコトバに「木を一本切るのに六時間もらえるのなら、私は最初の四時間を斧を研ぐのに費やす」というものがあります。このコトバも準備をすることの大切さを表しているのです。

その他の言葉

渡辺先生は普段から、先人たちの残した名言「調査なくして発言権なし」（毛沢東）や「学問は人生のひとつだが、人間関係は人生のすべてである」（ドキシアデス）「寒さにふるえた者ほど太陽の暖かさを感じる。人生の悩みをくぐった者ほど生命の尊さを知る。」（ウォルト・ホイットマン）「実践なき理論は空虚である。理論なき実践は無謀である。」（ピーター・ドラッカー）など、多くの名言や格言を使われていましたが、ここからは、心戒十訓には入っていないものの、先生がよく使われていた独自のコトバをご紹介します。

人《ひと》でも仕事《しごと》でも愛《あい》するところに集《あつ》まってくる

このコトバの後には、「愛が無くなった時、すべて離れていってしまう」と続きます。先生は前段の部分は黒板に書きながら、後段の部分はいつも口頭で話されていました。愛するところとは、自分自身が愛するところという意味でもあり、相手が愛するところという意味もあるのでしょう。愛するということは、大切にしているところであり、大切にしなくなったときすべて離れていってしまうということに通じます。あなたから離れ行く人がいたら、本当に自分はその人を大切にしていたかを振り返ってみるといいのかもしれません。

ゆとりは、夢《ゆめ》をつくる

色々なことに対して、気になりながら何もやれないでいる理由として、渡辺先生は六つの項目を指摘していました。その中の一つに、「心にゆとりがなさすぎる」というものがあります。ゆとりがないから夢が持てないのか、夢を持たないからゆとりが得られないのか、それはどちらの側面もあるでしょう。心にゆとりをもつには、日々の生活から少し立ち止まって、自分の夢や未来についてゆっくりと考えてみることが大切になってきます。あなたにはどんな夢があるのでしょうか。

人間関係《にんげんかんけい》は相手《あいて》の出方次第《でかたしだい》で決《き》まる

「人間関係は相手の出方次第で決まる」ということは、相手からしてみれば「私の出方次第で決まる」ということになります。それならば、「人間関係は自分の出方次第で決まる」とすればいいように思いますが、渡辺先生は、他者の存在を通して自己の存在に気づくことこそ、人間が社会的動物と言われる所以としていたのでしょう。だから敢えて「相手の出方次第」と表したと考えています。もしも相手に変わって欲しいと願うなら、自分の出方が大切だということです。

くっつけばクソの香《か》
離《はな》れれば花《はな》の香《か》

人間関係は、その距離感が大切です。日本の諺（ことわざ）に「つかず離れず」というものがあります。人間関係のトラブルの多くは、物理的にも心理的にもお互いの距離感が近すぎる関係の中で起こりやすくなります。このコトバは、お互いの距離が近くなりすぎると、嫌なところも見えてきて、相手を臭く（嫌に）感じるようになる。そういう時にこそ、少し距離を広げて、相手が花の香（好き）に感じられるようになればいい関係を続けることが出来るというものです。

大切《たいせつ》でためになることをいかに楽《たの》しくやれるか

このコトバは、「大切なこと」「ためになること」「楽しいこと」すべて五十音の「た行」であることから3T論と名付けていました。さらにプロフェッサーワタナベの頭文字をつけてPW3T論と名付けて、これを講義スタイルの基本姿勢にしていました。「大切でためになること」だけでは、分かるけれど飽きてしまう。「楽しい」だけでは内容がなくなってしまい骨抜きになってしまう。だから「大切でためになることを、楽しくやれるように工夫すること」が必要になってくるのです。

涙《なみだ》を大切《たいせつ》にしよう　うれしいときに泣《な》くために

私たちが涙を流す時は、ある程度状況が決まっています。悲しいとき、悔しいとき、怒ったとき、感動したとき、そしてうれしいときです。喜怒哀楽という感情表現でいうと、「怒り」や「哀しみ」という場合が多くなります。しかし、うれし涙やうれし泣きというように、「喜び」の場面でも涙の出番はあるのです。

うれし涙を流す背景には、それまでの自分なりの努力や我慢、忍耐のようなものがあります。そのような努力を惜しまないことが大切なのだと言っているのです。

山《やま》ひとつ越《こ》ゆれば さらに大《おお》き山《やま》 我《われ》にせまりく なおも越《こ》ゆべし

人生にはいくつもの困難や越えなければならない課題があります。その困難や課題をここでは「山」に例えています。この山を積極的に越えようとする人もいれば、山を避けていこうという人もいます。生きていれば「面倒くさい」と思うことも多いでしょうが、面倒くさいことを承知の上で、「面倒だけど、やってみよう」と考えてはどうでしょうか。少なくともその山と対峙《たいじ》してみることは出来るのではないでしょうか。

よく思《おも》えばいい結果《けっか》がやってくる

物事の良し悪しは解釈（意味づけ）で決まります。例えば車で出勤途中に、接触事故を起こしたとします。この時「なんで自分ばかりがこんな目に合うんだ」と事故を解釈するか、「この程度で済んでよかった」と解釈するかでは、事故の意味が変わってしまいます。つまりポジティヴに意味づけると、ポジティヴな結果がついてくることになるのです。そのことを端的に表したのがこのコトバです。

心《こころ》に年齢《ねんれい》なし

歳を取るということは、時間の経過により、肉体が老化していくことをいいます。視力や聴力の衰えなどの機能低下、シワやたるみといった容姿の変化も含まれます。しかし、気持ちや精神はどうでしょうか。歳をとっても夢や目標に向かうことや、誰かのために自分の役割を果たす生き方をしている人も多いのではないでしょうか。歳だからと老け込むのではなく、「心に年齢なし」と希望を持って前向きな生き方をしていきたいですね。

人《ひと》に示《しめ》すな　天《てん》に捧《ささ》げよ

他者からの評価を気にして、自分がどう見られているのかを絶えず気にしている人は多いでしょう。このコトバは、周囲の目ばかりを気にして、自分の本来の力が発揮できないと思っている人こそ必要なものかもしれません。誰しも周りの評価は大切ですし、そのことに一喜一憂しているのは事実です。しかし、それが人生のすべてではありません。人に示すことばかり気にしてしまう人は、天に捧げるつもりで行動してみてはいかがでしょうか。

おわりに

私たちは集団生活において、多くのストレスを抱えています。仕事、お金、恋愛、家庭、そして人間関係など様々です。特に人間関係のストレスは老若男女共通の悩みになっています。人間関係の悩みの大きな問題は、相手が自分の思った通りにならないというところにあります。相手のあることですから思った通りに行かないのが当たり前なのですが、そうは思えません。思い通りにならない子ども、思い通りにならない夫または妻、思い通りにならない上司や同僚など様々です。相手を思い通りにすることはできません。しかし、それは自分だけが我慢することを意味しているわけではありません。相手との関係を維持・発展させるなかでその調整が難しくなっているのです。

それは、身近な家族でさえも例外ではありません。実際に我が国の離婚率は右肩上がりの傾向で、今では三組に一組が離婚している状況になっています。また、メディアからは連日のように殺人事件の報道が流れ、その中でも家族内での悲惨な事件が後を絶ちません。殺人事件と傷害致死の半数は、被害者が親族のケースとなっています。そして児童虐待の相談件数は、この二十年間（平成五年～平成二十五年）で約四十五倍になっており、本来守るべき対象であるはずの家族が、傷つけあう存在になってしまっているのです。

さらに、情報技術の革新により、ケータイやスマホが普及し、連絡を取り合う手段が、これまでの対面や通話によるものから、ＥメールやＬｉｎｅといった文字コミュニケーションによる情報交換にシフトしてきています。情報交換の手段が変化していることよりも、連絡を取る手段が、Ｅメールアドレスやケータイの番号しかなくなっているところに人間関係の希薄さがうかがえます。個人情報保護の観点から、学校教育や地域社会の中でも名簿のようなものは作成されなくなりました。またケータイやスマホなど個人端末器の普及は、それまで当然のようにあった家庭での固定電話を取り外し、連絡手段は個人に直接とることが一般化されました。このことは、相手がメールアドレスやケータイ番号を変更したら、その相手と連絡が取れなくなることを意味します。それは家族であっても同じです。お互いに連絡を取り合い、関係を維持しているのは、アルファベットと数字を組み合わせた記号に頼るしかないのです。反対に「付き合いたくない」「連絡を取りたくない」相手には、変更後のメールアドレスや携帯電話を伝えなければいいのです。そのような記号の上に成り立っている危うい関係性であっても、そのなかで、何とか相手と上手くやっていこうと、思い悩み努力しているのです。

この渡辺先生の心戒十訓には、いくつかの特徴があるように感じます。その一つは、人間関係は相手のあることから、「まず他者ありき」ということです。社会学者であった先生は、常に他者を通して自分を見るということを自明の理としていたのでしょう。私たちは多くの場合「まず自分ありき」と考えてしまいがちです。その自分の思いが叶うこと、自分の思いや願いを相手に分かってもらうことが主眼になってしまい、その思いや願いが通じなかったり、相手が理解してくれないと人間関係にストレスを感じ、思い通りにならない相手に対して時には攻撃的に出てしまうのではないでしょうか。ここでは、「まず相手ありき」という視点を持って、相手はどう思うのか。自分がもし相手の立場だったらどうするのか。という相手の視点で考えることで、人間関係の持ち方は違ってくるということです。人間が社会的動物であるといわれる所以は、相手の立場に立つことができる能力や他者の目を通して、自分を客観視できるところにあります。心戒十訓はその他者からの視点を通した自分自身の出方を用意しているように感じます。

もう一つの特徴は、受動的な関係ではなく、能動的な関係を築くための視点です。自分に自信がもてない時やネガティヴ思考に陥りやすい人は、人間関係に対しても消極的になりやすくなります。この心戒十訓は積極的な生き方や考え方、能動的な生き方や考え方に立脚しています。人間関係だけに限らず、私たちの言動や考え方は、自分自身の持つ価値観やスタイルに影響されています。物事を悪い方に解釈したり、悲観的に意味づけをすることは、ネガティヴな価値観や思考パターンから発生します。結果的には自分に自信が持てず、消極的な言動につながりやすくなります。その考えや発想を、ポジィティヴなスタイルへ価値変換し、積極的かつ能動的なものにしていく視点を用意しています。

最後の特徴は、バランスの視点です。ここでいうバランスにはいくつかの方向性があります。まずは相手と自分のバランスです。相手の存在を前提にしながら、自分の在り方や出方をバランスよく出していくことが大切であることが示唆されています。さらには、積極的・能動的な考えと消極的・受動的な考えとのバランスです。前者であれば、心戒十訓の内容は常に意識していることであり、感じていることでしょう。しかし、後者にとっては、考え方やスタイルの転換にもなりうるものです。

　人間関係の基本は、時代が変わっても対面によるコミュニケーションと信頼関係の構築です。そのためには「まず相手ありき」と、相手を前提とした関係性から始める必要があります。つまり相手を変えるのではなく、自分の出方を変えるということです。その方が建設的であり、労力も少なくて済むのです。スマホやケータイが普及し、通信によるコミュニケーションスタイルが主流となりつつある現代社会であっても、この基本を踏まえていれば、大きく人間関係を崩すことはないでしょう。それは「人間関係は相手の出方次第で決まる」ということです。相手の出方次第ということは、相手から見ると「自分《こちら》の出方次第で決まる」ということなのです。アメリカの精神科医エリック・バーンのコトバにも「過去と他人は変えられない」とあります。私たちが過去を変えられないように他人を変えることも出来ないという意味です。私たちが変えられるのは自分自身と未来なのです。

現代社会でも　孔子の『論語』や孫子の『兵法』など、今から二千数百年前に書かれたものが読み継がれています。当時から比べれば、社会環境は一変していて、社会インフラをはじめ生活スタイルや価値観に至るまで全く違う時代になっています。しかし、それでも私たちは古典から多くの知恵を得ようとするのは、人間そのものは大きく変わってないことを物語っています。とくに人間関係の持ち方やあり方に普遍性を感じているのは私だけではないでしょう。

このコトバの中から、人間関係の持ち方や、そのための自分の出方などもう一度原点に戻るきっかけになることを願っています。

著者

【渡辺博史先生略歴】

渡辺　博史（わたなべ　ひろし）

一九三〇年　秋田県本荘市生まれ
一九五七年　東洋大学大学院在学中、文部省国費留学生としてイスラエル国立ヘブライ大学社会学科（エルサレム）に留学
一九五九年　東洋大学大学院社会学研究科社会学専攻修士課程修了
一九五九年　同大学文学部社会学科助手のち講師
一九六五年　流通経済大学経済学部助教授のち教授
一九八八年　同大学社会学部教授のち社会学部長を経て、
二〇〇一年　同大学名誉教授、社会学部客員教授
同　　年　六月二十六日　永眠
そ の 他　学校法人日通学園理事・評議員、お茶の水女子大学
　　　　　群馬大学・茨城大学・九州大学の非常勤講師を歴任

主な著書・論文
「地域社会分析の理論と方法」『国立社会教育研究所』第2集
一九七〇年

「コミュニティと社会計画」社会学講座第5巻倉沢進編『都市社会学』東京大学出版会一九七四年
「地域変動と教育」現代教育社会学講座第2巻日比行一・木原孝博編『社会変動と教育』東京大学出版会一九七六年
『社会教育調査法』全日本社会教育連合会　一九七八年
『中高年者の生活を襲うライフパニック調査』（財）長寿社会開発センター　1994.Vol1, 1995.Vol.2, 1997.Vol1,3
『コミュニティ形成と学習活動』学文社　二〇〇〇年

【筆者略歴】

松田　哲（まつだ　てつ）

一九八六年　流通経済大学経済学部経営学科卒業
一九八九年　筑波大学大学院教育研究科修了
同　　年　水戸短期大学専任講師のち助教授
二〇〇六年　流通経済大学スポーツ健康科学部助教授のち准教授
二〇一二年　同大学スポーツ健康科学部教授

大学一年次より渡辺博史先生に師事。渡辺先生との共同調査や共同研究も多数。現在は、その教えをベースに「人間関係とコミュニケーション」「青少年とスマホ・コミュケーション」「子育て支援とコミュニケーション」をテーマに、ギターと映像による教育講演「コンサートレクチャー」を全国的に展開している。

主な著書・論文

『しつけ事典』（共著）一藝社　二〇一三年
『子ども学講座2子どもと文化』（共著）一藝社　二〇一〇年
『人間関係とコミュニケーション』流通経済大学出版会　二〇〇六年
『自己理解のための青年心理学』（共著）八千代出版　二〇〇四年

【参考文献】

『愛するところ』―渡辺博史先生追悼集―　二〇〇三年
『コミュニティ形成と学習活動』　渡辺博史著　学文社　二〇〇〇年
『名言の知恵人生の知恵』谷沢永一編著　ＰＨＰ研究所　一九九四年
『自己愛人間』小此木啓吾著　ちくま学芸文庫　一九九二年
『心を強くする名指導者の言葉』ビジネス哲学研究会　ＰＨＰ研究所　二〇一二年
『流通経済大学三十年史』流通経済大学出版会　一九八八年
『学生の中途退学や休学等の状況について』文部科学省　二〇一四年九月二十五日
『平成二十六年人口動態統計の年間推計』厚生労働省　二〇一五年一月一日
『法務総合研究所研究部報告50』法務省　二〇一三年
『児童相談所での児童虐待相談対応件数』厚生労働省　二〇一四年八月四日

人間関係を豊かにする

心戒十訓《しんかいじゅっくん》

～渡辺博史先生のことば～

発行日　2015年3月23日　初版発行

　　　　2015年7月21日　第2刷発行

著　者　松田　　哲

発行者　佐伯弘治

発行所　流通経済大学出版会

〒301-8555　茨城県龍ヶ崎市120

電話　0297-64-0001　FAX　0297-64-0011

Printed in Japan/アベル社

ISBN978-4-947553-65-2 C1036 ¥1000E